AF205688

koulu - sekolah	2
matka - berjalan	5
kuljetus - pengangkutan	8
kaupunki - bandar	10
maisema - landskap	14
ravintola - restoran	17
supermarketti - pasar raya	20
juomat - minuman	22
ruoka - makanan	23
maatila - ladang	27
talo - rumah	31
olohuone - ruang tamu	33
keittiö - dapur	35
kylpyhuone - bilik air	38
lastenhuone - bilik kanak-kanak	42
vaatteet - pakaian	44
toimisto - pejabat	49
talous - ekonomi	51
ammatit - pekerjaan	53
työkalut - alat	56
soittimet - alat muzik	57
eläintarha - zoo	59
urheilu - sukan	62
aktiviteetit - aktiviti	63
perhe - keluarga	67
vartalo - badan	68
sairaala - hospital	72
hätätilanne - kecemasan	76
maa - bumi	77
kello - jam	79
viikko - minggu	80
vuosi - tahun	81
muodot - bentuk	83
värit - warna	84
vastakohdat - berlawanan	85
numerot - nombor	88
kielet - bahasa-bahasa	90
kuka / mitä / miten - siapa / apa / bagaimana	91
missä - di mana	92

Impressum
Verlag: BABADADA GmbH, Nedderfeld 112 , 22529 Hamburg
Geschäftsführer / Verlagsleitung: Harald Hof
Druck: Books on Demand GmbH, In de Tarpen 42, 22848 Norderstedt

Imprint
Publisher: BABADADA GmbH, Nedderfeld 112 , 22529 Hamburg, Germany
Managing Director / Publishing direction: Harald Hof
Print: Books on Demand GmbH, In de Tarpen 42, 22848 Norderstedt

1

koulu
sekolah

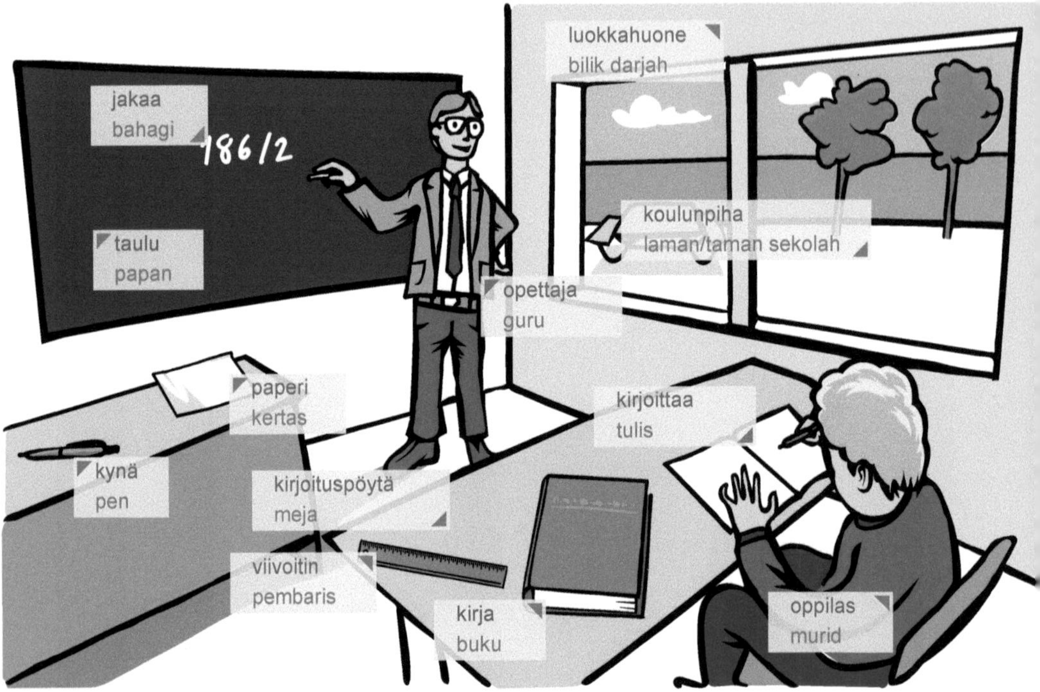
luokkahuone
bilik darjah
jakaa
bahagi
186/2
taulu
papan
koulunpiha
laman/taman sekolah
opettaja
guru
paperi
kertas
kirjoittaa
tulis
kynä
pen
kirjoituspöytä
meja
viivoitin
pembaris
kirja
buku
oppilas
murid

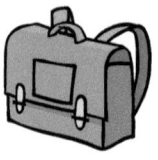

reppu

beg galas

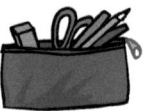

penaali

kotak pensel

lyijykynä

pensel

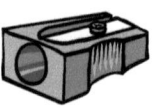

kynänteroitin

pengasah pensel

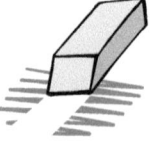

pyyhekumi

pemadam

piirustuslehtiö

kertas lukisan

piirustus

melukis

pensseli

berus lukis

vesivärit

kotak warna

sakset

gunting

liima

gam

harjoituskirja

buku latihan

kotitehtävä

kerja rumah

12

luku

nombor

2+2

lisätä

tambah

5-2

vähentää

tolak

2×2

kertoa

darab

laskea

kira

A

kirjain

huruf

ABCDEFG
HIJKLMN
OPQRSTU
VWXYZ

aakkoset

abjad

hello

sana

kata

teksti
....
teks

lukea
....
baca

liitu
....
kapur

oppitunti
....
pelajaran

opettajan muistikirja
....
daftar

koe
....
peperiksaan

todistus
....
sijil

koulupuku
....
uniform sekolah

koulutus
....
pendidikan

sanakirja
....
ensiklopedia

yliopisto
....
universiti

mikroskooppi
....
mikroskop

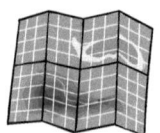

kartta
....
peta

roskakori
....
bakul sampah

matka
berjalan

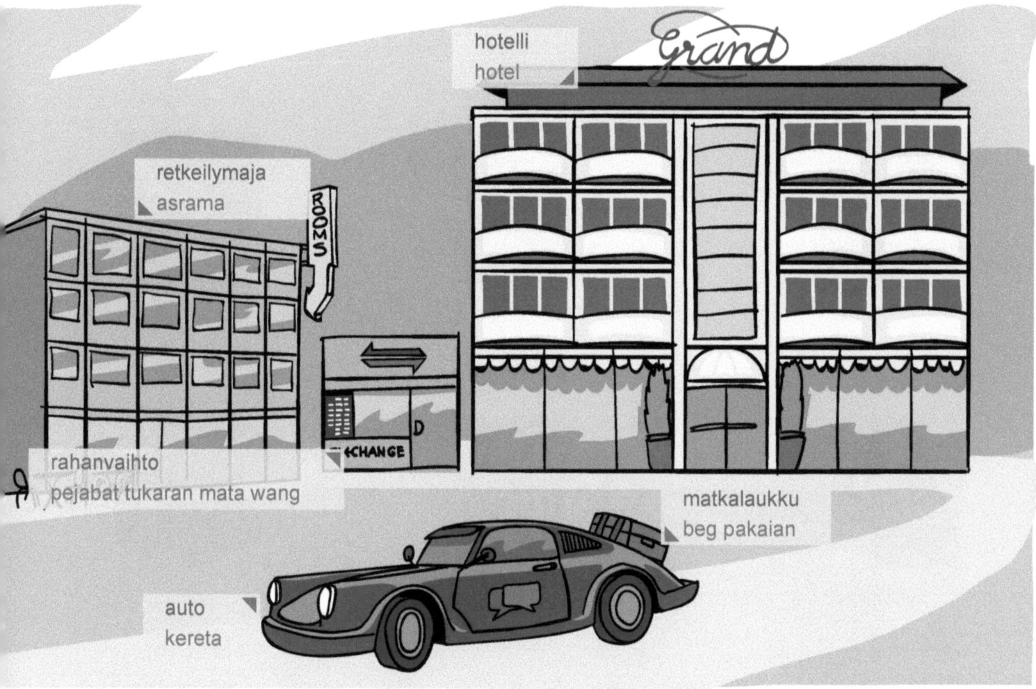
hotelli
hotel
Grand
retkeilymaja
asrama
ROOMS
EXCHANGE
rahanvaihto
pejabat tukaran mata wang
matkalaukku
beg pakaian
auto
kereta

kieli

bahasa

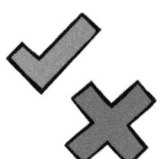

kyllä / ei

ya / tidak

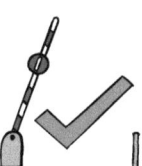

selvä

okey

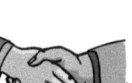

hei

helo

tulkki

penterjemah

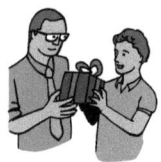

kiitos

Terima kasih

Paljonko...maksaa?

berapa banyak...?

en ymmärrä

saya tidak faham

ongelma

masalah

Hyvää iltaa!

Selamat petang!

Hyvää huomenta!

Selamat Pagi!

Hyvää yötä!

Selamat Malam!

näkemiin

selamat tinggal

suunta

arah

matkatavarat

bagasi

laukku

beg

reppu

beg galas

vieras

tetamu

huone

bilik tidur

makuupussi

beg tidur

teltta

khemah

turisti-info

maklumat pelancong

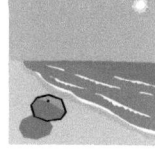

ranta

pantai

luottokortti

kad kredit

aamupala

sarapan

lounas

makan tengah hari

päivällinen

makan malam

matkalippu

tiket

hissi

lif

postimerkki

setem

raja

sempadan

tulli

kastam

suurlähetystö

kedutaan

viisumi

visa

passi

pasport

matka - berjalan

kuljetus
pengangkutan

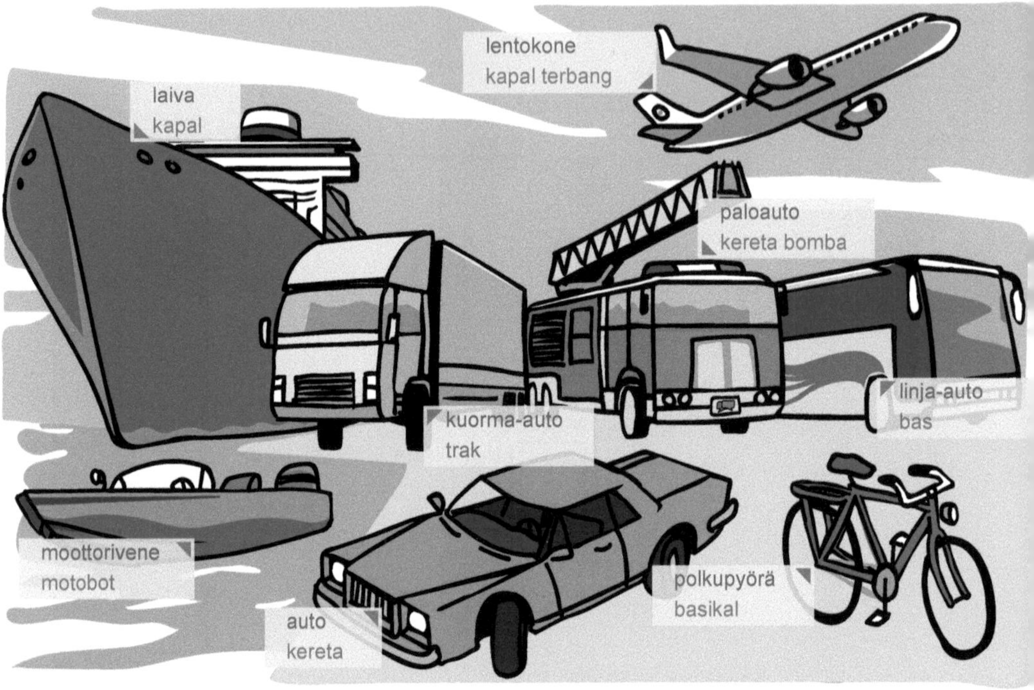
lentokone
kapal terbang
laiva
kapal
paloauto
kereta bomba
linja-auto
bas
kuorma-auto
trak
moottorivene
motobot
polkupyörä
basikal
auto
kereta

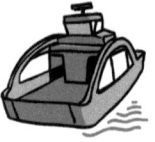

lautta
feri

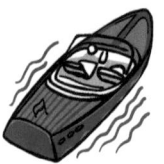

vene
bot

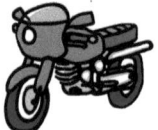

moottoripyörä
motosikal

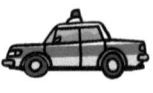

poliisiauto
kereta polis

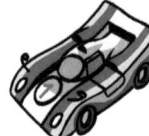

kilpa-auto
kereta lumba

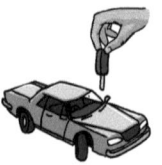

vuokra-auto
kereta sewa

car sharing

berkongsi kereta

hinausauto

trak tunda

roska-auto

trak menolak

moottori

motor

polttoaine

bahan api

huoltoasema

stesen minyak

liikennemerkki

tanda trafik

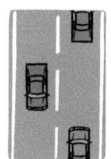

liikenne

trafik

ruuhka

kesesakan lalu lintas

parkkipaikka

tempat parkir

rautatieasema

stesen kereta api

raiteet

trek

juna

kereta api

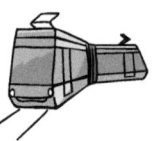

raitiovaunu

trem

vaunu

gerabak

helikopteri

helikopter

lentokenttä

lapangan terbang

lähilennonjohto

Menara

matkustaja

penumpang

kontti

bekas

pahvilaatikko

kadbod

kärryt

kart

kori

bakul

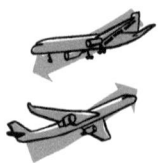

nousta / laskea

berlepas / mendarat

kaupunki
bandar

kylä

kampung

keskusta

pusat bandar

talo

rumah

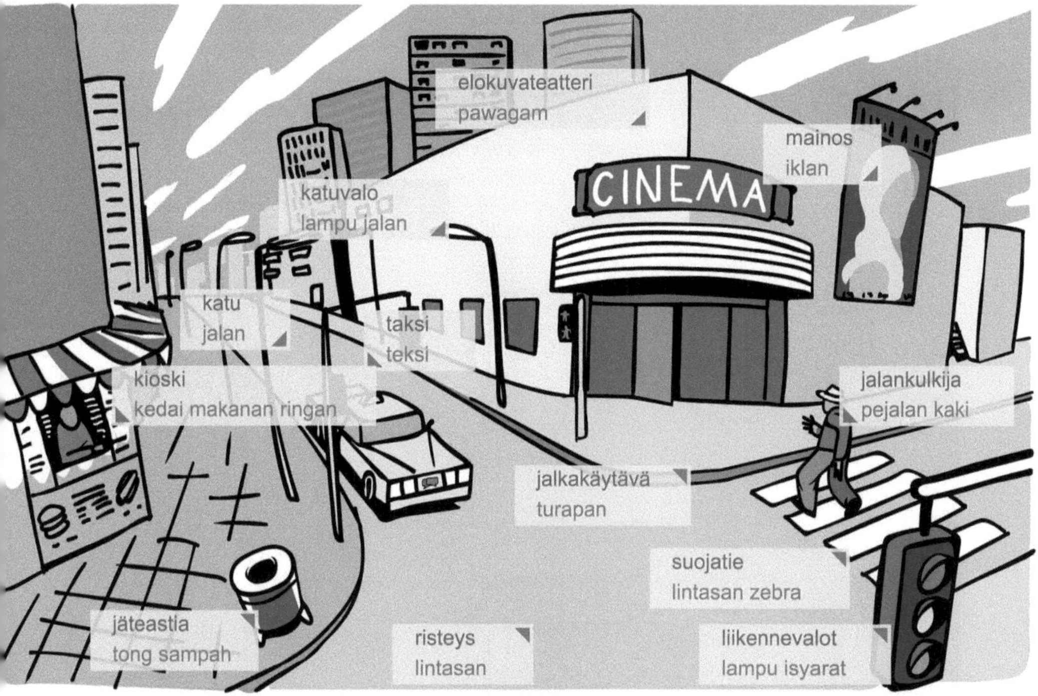

elokuvateatteri
pawagam

mainos
iklan

katuvalo
lampu jalan

katu
jalan

taksi
teksi

kioski
kedai makanan ringan

jalankulkija
pejalan kaki

jalkakäytävä
turapan

suojatie
lintasan zebra

jäteastia
tong sampah

risteys
lintasan

liikennevalot
lampu isyarat

mökki
pondok

kerrostalo
flat

rautatieasema
stesen kereta api

kaupungintalo
dewan bandar

museo
muzium

koulu
sekolah

kaupunki - bandar

yliopisto

universiti

pankki

bank

sairaala

hospital

hotelli

hotel

apteekki

farmasi

toimisto

pejabat

kirjakauppa

kedai buku

liike

kedai

kukkakauppa

kedai bunga

supermarketti

pasar raya

tori

pasaran

tavaratalo

gedung

kalakauppias

penjual ikan

ostoskeskus

pusat membeli-belah

satama

pelabuhan

puisto

taman

penkki

bangku

silta

jambatan

portaat

tangga

metro

bawah tanah

tunneli

terowong

linja-autopysäkki

hentian bas

baari

bar

ravintola

restoran

postilaatikko

peti surat

katukyltti

papan tanda jalan

parkkimittari

meter parkir

eläintarha

zoo

uimala

kolam renang

moskeija

masjid

maatila
ladang

ympäristön saastuminen
pencemaran

hautausmaa
tanah perkuburan

kirkko
gereja

leikkikenttä
taman permainan

temppeli
kuil

maisema
landskap

lehti
daun

tienviitta
tiang tanda

tie
jalan

niitty
padang rumput

kivi
batu

retkeilijä
pejalan kaki

puu
pokok

joki
sungai

ruoho
rumput

kukka
bunga

laakso

lembah

vuori

bukit

järvi

tasik

metsä

hutan

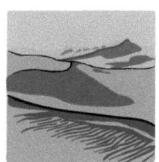

aavikko

padang pasir

tulivuori

gunung berapi

linna

istana

sateenkaari

pelangi

sieni

cendawan

palmu

pokok kelapa sawit

hyttynen

nyamuk

kärpänen

terbang

muurahainen

semut

mehiläinen

lebah

hämähäkki

labah-labah

kovakuoriainen

kumbang

sammakko

katak

orava

tupai

siili

landak

jänis

arnab

pöllö

burung hantu

lintu

burung

joutsen

angsa

villisika

babi jantan

peura

rusa

hirvi

moose

pato

empangan

tuulimylly

turbin angin

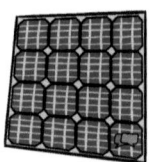

aurinkopaneeli

panel solar

ilmasto

iklim

ravintola
restoran

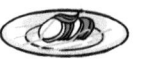

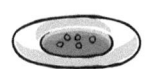

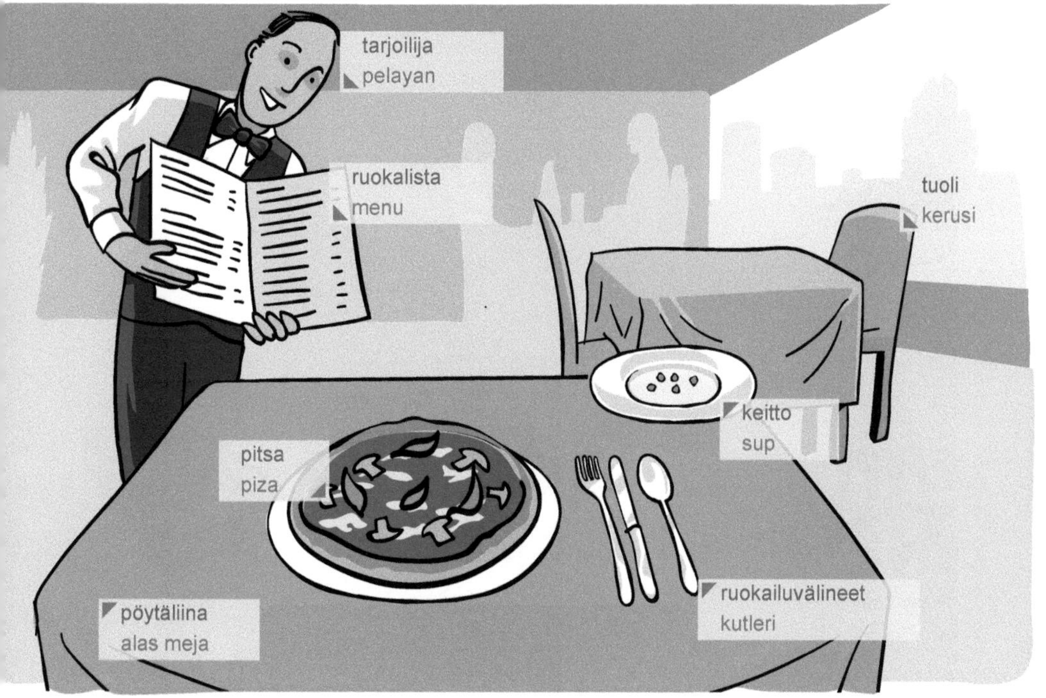

tarjoilija
pelayan
ruokalista
menu
tuoli
kerusi
keitto
sup
pitsa
piza
ruokailuvälineet
kutleri
pöytäliina
alas meja

alkuruoka

pemula

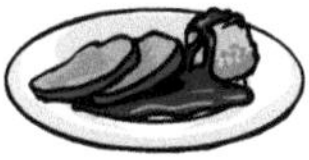

pääruoka

hidangan utama

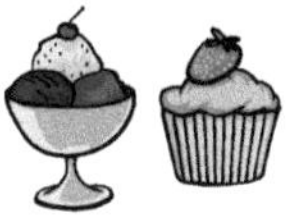

jälkiruoka

pencuci mulut

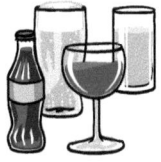

juomat

minuman

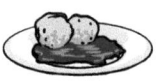

ruoka

makanan

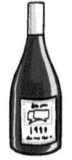

pullo

botol

pikaruoka

makanan segera

katuruoka

makanan jalanan

teekannu

teko

sokeriastia

mangkuk gula

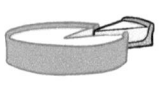

annos

bahagian

espressokeitin

mesin espreso

syöttötuoli

kerusi tinggi

lasku

bil

tarjotin

dulang

veitsi

pisau

haarukka

garfu

lusikka

sudu

teelusikka

sudu teh

servietti

serviette

lasi

gelas

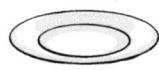

lautanen

pinggan

syvä lautanen

mangkuk sup

aluslautanen

piring

kastike

sos

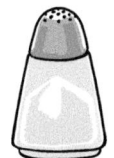

suolasirotin

tempat garam

pippurimylly

pengisar lada

etikka

cuka

öljy

minyak

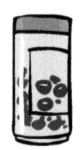

mausteet

rempah

ketsuppi

sos

sinappi

mustard

majoneesi

mayones

supermarketti

pasar raya

tarjous
tawaran istimewa
FOR
asiakas
pelanggan
maitotuotteet
tenusu
hedelmät
buah-buahan
ostoskärryt
troli

BUTCHERS

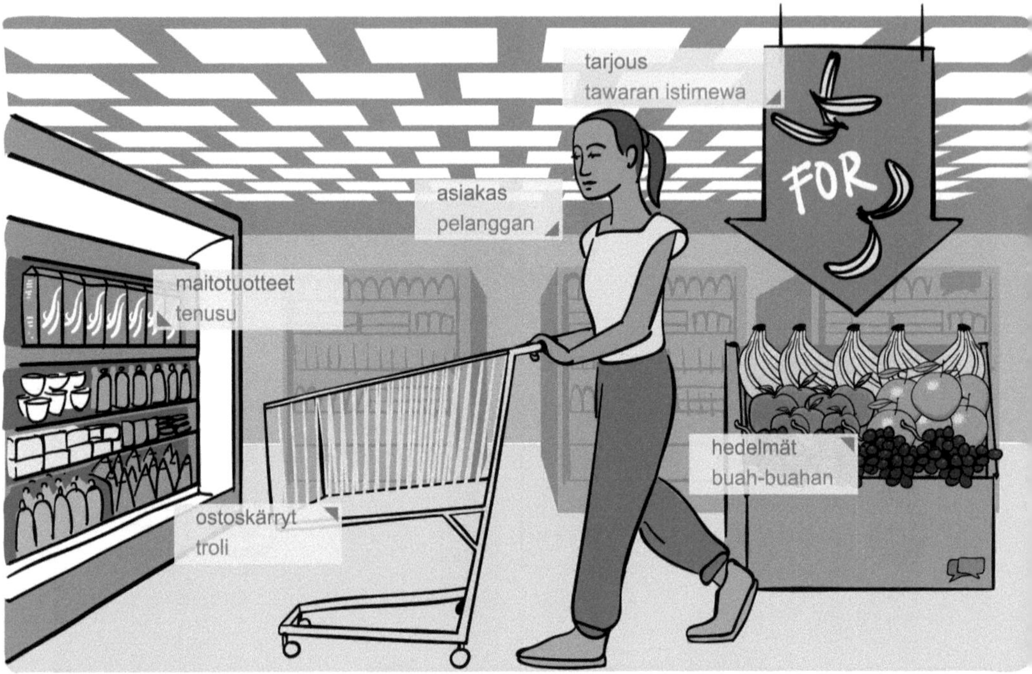

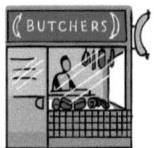

teurastamo

tukang daging

BAKERY

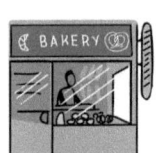

leipomo

kedai roti

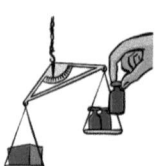

punnita

berat

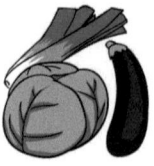

kasvikset

sayur-sayuran

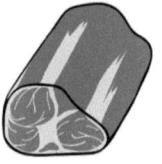

liha

daging

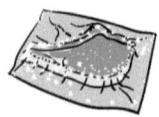

pakasteet

makanan sejuk beku

leikkele
daging sejuk

säilykkeet
makanan dalam tin

pesujauhe
serbuk pencuci

makeiset
gula-gula

kotitaloustarvikkeet
produk isi rumah

puhdistusaineet
produk pembersihan

myyjä
orang jualan

kassa
daftar tunai

kassanhoitaja
juruwang

ostoslista
senarai membeli-belah

aukioloajat
waktu pembukaan

lompakko
beg duit

luottokortti
kad kredit

kassi
beg

muovipussi
beg plastik

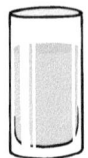

vesi

air

mehu

jus

maito

susu

kokis

kola

viini

wain

olut

bir

alkoholi

alkohol

kaakao

koko

tee

the

kahvi

kopi

espresso

espreso

cappuccino

kapucino

banaani

pisang

omena

epal

appelsiini

oren

meloni

tembikai

sitruuna

lemon

porkkana

lobak merah

valkosipuli

bawang putih

bambu

buluh

sipuli

bawang

sieni

cendawan

pähkinät

kacang

spagetti

mi

spagetti

spageti

riisi

nasi

salaatti

salad

ranskalaiset

kerepek

paistetut perunat

kentang goreng

pitsa

piza

hampurilainen

hamburger

voileipä

sandwic

leike

kutlet

kinkku

ham

salami

salami

makkara

sosej

kana

ayam

paisti

panggang

kala

ikan

kaurahiutaleet

bubur oat

mysli

muesli

murot

emping jagung

jauho

tepung

voisarvi

kroisan

sämpylä

roti roll

leipä

roti

paahtoleipä

roti bakar

keksit

biskut

voi

mentega

rahka

dadih

kakku

kek

kananmuna

telur

paistettu kananmuna

telur goreng

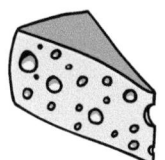

juusto

keju

ruoka - makanan

jäätelö
ais krim

sokeri
gula

hunaja
madu

hillo
jem

suklaapähkinälevite
krim nougat

curry
kari

maatila
ladang

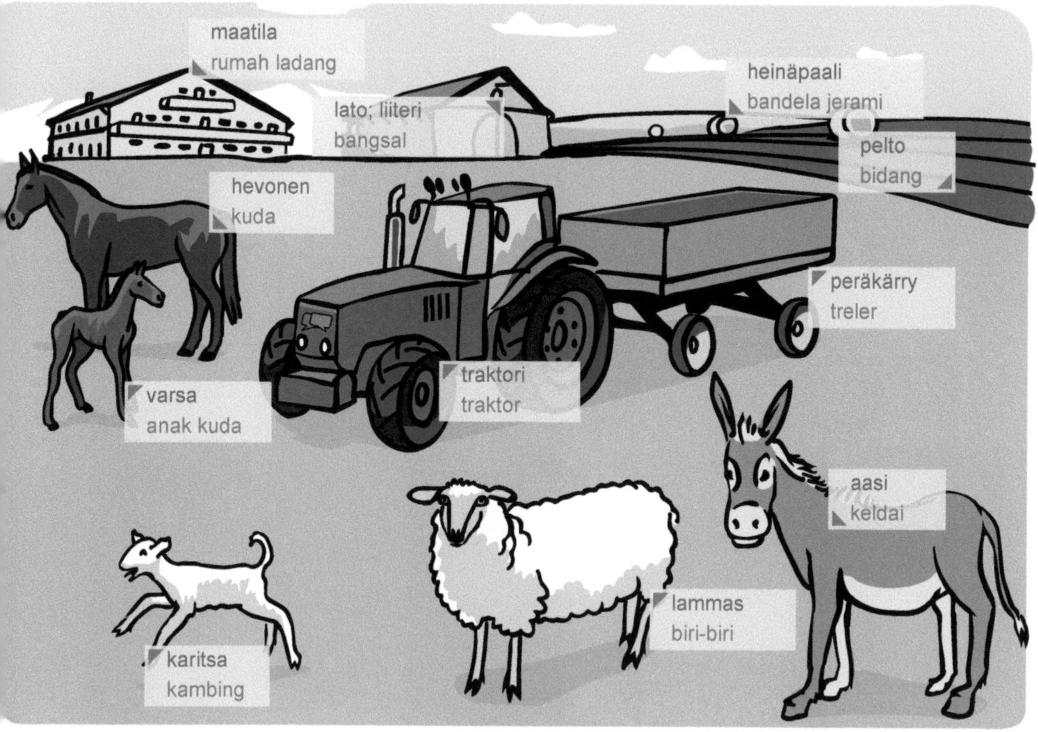
maatila
rumah ladang
lato; liiteri
bangsal
heinäpaali
bandela jerami
pelto
bidang
hevonen
kuda
peräkärry
treler
traktori
traktor
varsa
anak kuda
aasi
keldai
lammas
biri-biri
karitsa
kambing

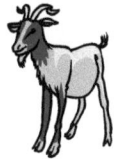

vuohi

kambing

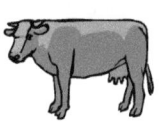

lehmä

lembu

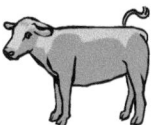

vasikka

anak lembu

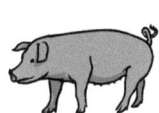

sika

babi

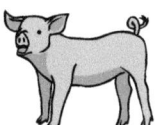

porsas

anak babi

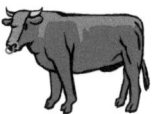

sonni

lembu

hanhi

angsa

ankka

itik

tipu

anak ayam

kana

ayam betina

kukko

ayam jantan muda

rotta

tikus

kissa

kucing

hiiri

tikus

härkä

lembu jantan

koira

anjing

koirankoppi

rumah anjing

puutarhaletku

hos taman

kastelukannu

bekas siraman

viikate

sabit

aura

bajak

sirppi

sabit

kuokka

cangkul

talikko

serampang peladang

kirves

kapak

kottikärryt

kereta sorong

kaukalo

palung

maitokannu

tin susu

säkki

karung

aita

pagar

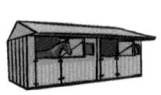

talli

stabil

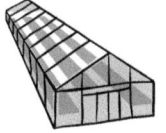

kasvihuone

rumah hijau

maa

tanah

siemen

benih

lannoite

baja

leikkuupuimuri

jentuai

maatila - ladang

29

kerätä sato

tuai

sato

menuai

jamssit

keladi

vehnä

gandum

soija

soya

peruna

kentang

maissi

jagung

rypsi

biji sawi

hedelmäpuu

pokok buah-buahan

maniokki

ubi kayu

vilja

bijirin

talo
rumah

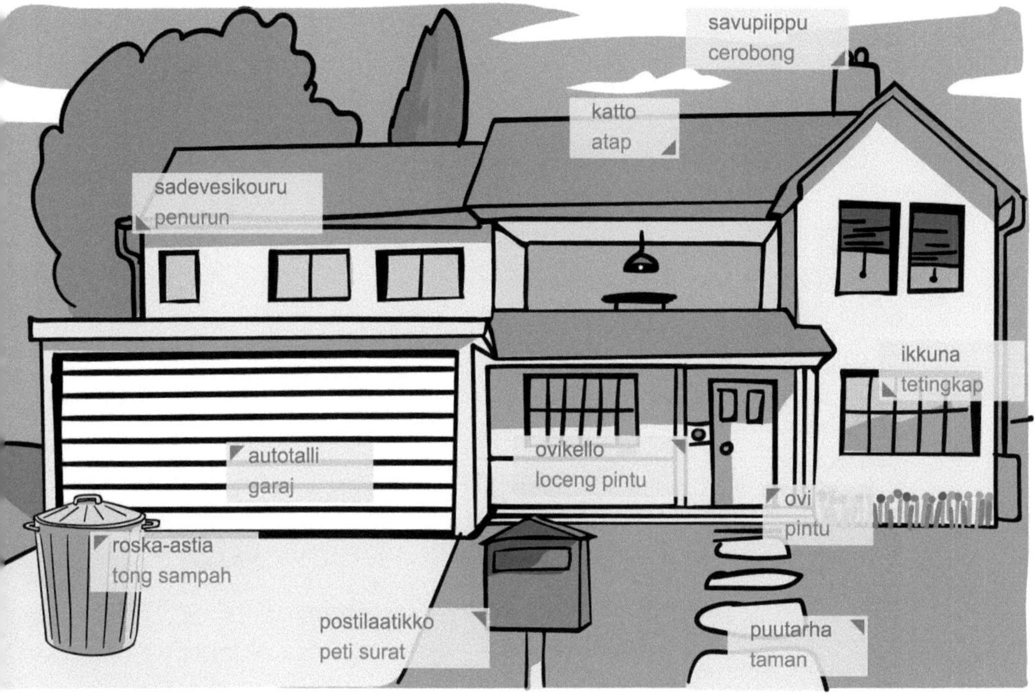
savupiippu
cerobong
katto
atap
sadevesikouru
penurun
ikkuna
tetingkap
autotalli
garaj
ovikello
loceng pintu
ovi
pintu
roska-astia
tong sampah
postilaatikko
peti surat
puutarha
taman

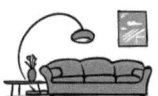

olohuone

ruang tamu

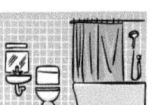

kylpyhuone

bilik air

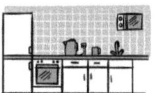

keittiö

dapur

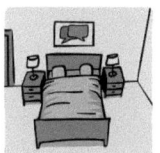

makuuhuone

bilik tidur

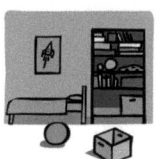

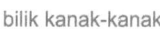

lastenhuone

bilik kanak-kanak

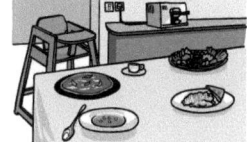

ruokahuone

ruang makan

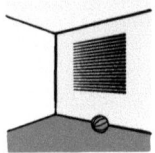

lattia

lantai

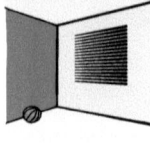

seinä

dinding

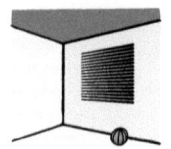

katto

siling

kellari

bilik bawah tanah

sauna

sauna

parveke

balkoni

terassi

teres

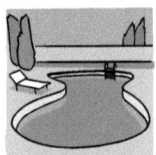

uima-allas

kolam renang

ruohonleikkuri

pemotong rumput

lakana

lembaran

päiväpeitto

penutup tilam

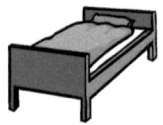

sänky

katil

harja

penyapu

ämpäri

timba

katkaisin

suis

talo - rumah

olohuone
ruang tamu

tapetti
kertas dinding
kuva
gambar
lamppu
lampu
hylly
rak
kaappi
kabinet
televisio
televisyen
takka
pendiangan
kukka
bunga
tyyny
kusyen
sohva
sofa
maljakko
pasu
kaukosäädin
alat kawalan jauh

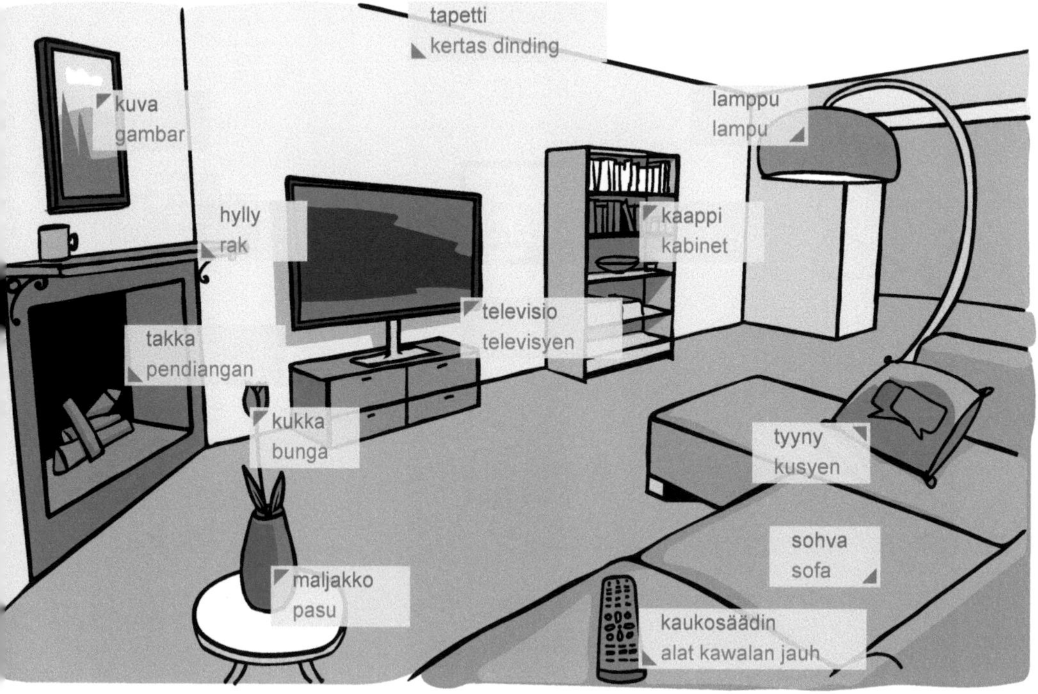

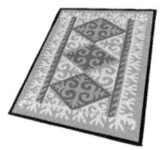

matto

permaidani

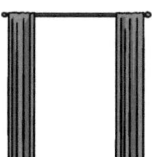

verho

tirai

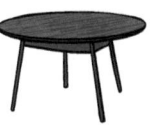

pöytä

meja

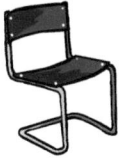

tuoli

kerusi

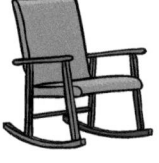

keinutuoli

kerusi malas

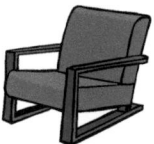

nojatuoli

kerusi

kirja

buku

peitto

selimut

koriste

hiasan

polttopuut

kayu api

elokuva

filem

stereot

hi-fi

avain

kunci

sanomalehti

akhbar

maalaus

lukisan

juliste

poster

radio

radio

muistivihko

buku catatan

pölynimuri

penyedut habuk

kaktus

kaktus

kynttilä

lilin

keittiö
dapur

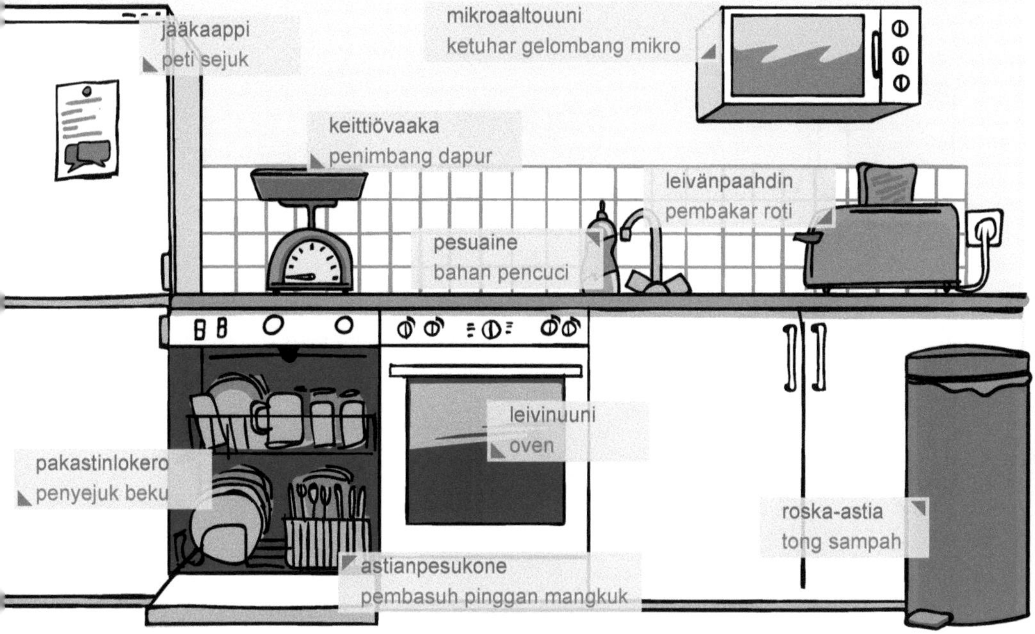
jääkaappi
peti sejuk
mikroaaltouuni
ketuhar gelombang mikro
keittiövaaka
penimbang dapur
leivänpaahdin
pembakar roti
pesuaine
bahan pencuci
leivinuuni
oven
pakastinlokero
penyejuk beku
roska-astia
tong sampah
astianpesukone
pembasuh pinggan mangkuk

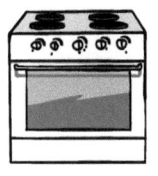

liesi

periuk dapur

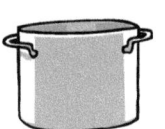

kattila

periuk

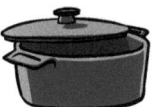

rautapata

periuk besi

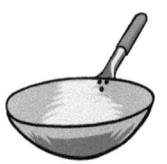

vokkipannu / kadai-pannu

kuali

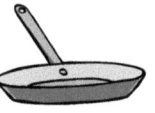

paistinpannu

pan

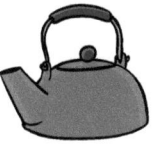

teepannu

cerek

höyrykeitin

pengukus

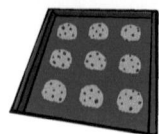

uunipelti

dulang pembakar

astiat

pinggan mangkuk

muki

koleh

kulho

mangkuk

syömäpuikot

penyepit

kauha

senduk

paistinlasta

spatula

vispilä

pengadun

siivilä

penapis

siivilä

ayak

raastin

pemarut

mortteli

mortar

grilli

barbeku

avotuli

pembakaran terbuka

leikkuulauta

papan pencincang

kaulin

pin golekan

korkinavaaja

skru gabus

purkki

tin

purkinavaaja

pembuka tin

pannulappu

pemegang periuk

lavuaari

sinki

tiskiharja

berus

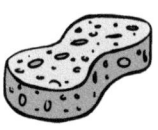

pesusieni

span

tehosekoitin

pengisar

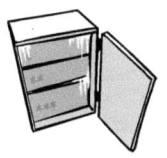

pakastin

penyejuk beku

tuttipullo

botol bayi

vesihana

paip

kylpyhuone
bilik air

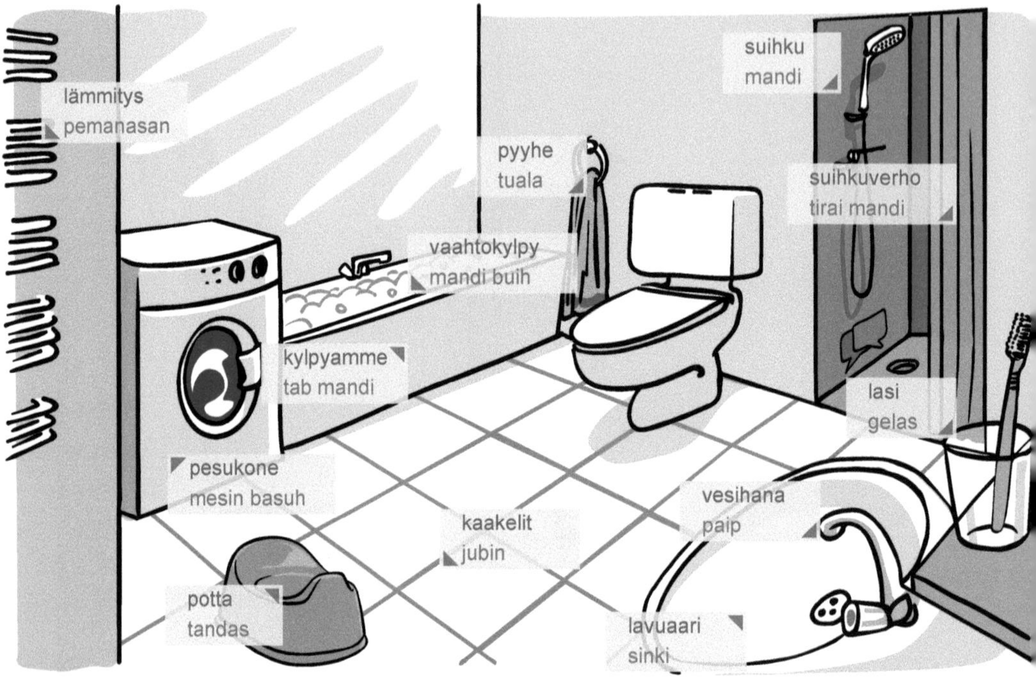

lämmitys
pemanasan
suihku
mandi
pyyhe
tuala
suihkuverho
tirai mandi
vaahtokylpy
mandi buih
kylpyamme
tab mandi
lasi
gelas
pesukone
mesin basuh
vesihana
paip
kaakelit
jubin
potta
tandas
lavuaari
sinki

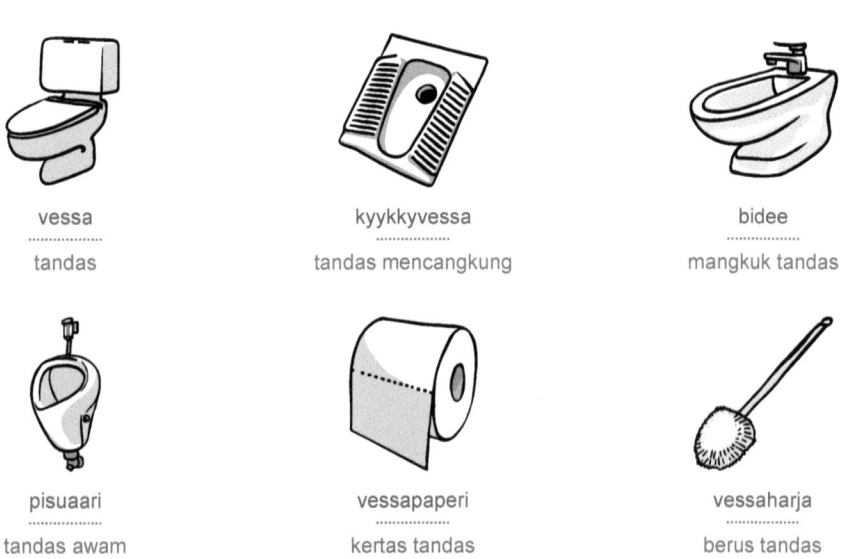

vessa
tandas

kyykkyvessa
tandas mencangkung

bidee
mangkuk tandas

pisuaari
tandas awam

vessapaperi
kertas tandas

vessaharja
berus tandas

hammasharja

berus gigi

hammastahna

ubat gigi

hammaslanka

flos gigi

pestä

cuci

käsisuihku

mandian tangan

intiimisuihku

pancuran

pesuvati

besen

selkäharja

belakang berus

saippua

sabun

suihkugeeli

gel mandian

shampoo

syampu

pesulappu

flanel

viemäri

longkang

voide

krim

deodorantti

deodoran

peili

cermin

käsipeili

cermin tangan

partaveitsi

pisau cukur

partavaahto

busa cukur

partavesi

selepas cukur

kampa

sikat

harja

berus

hiustenkuivaaja

pengering rambut

hiuslakka

semburan rambut

meikki

mekap

huulipuna

gincu

kynsilakka

varnis kuku

pumpuli

bulu kapas

kynsisakset

gunting kuku

hajuvesi

pewangi

kosmetiikkalaukku

beg basuhan

jakkara

bangku

vaaka

skala berat

kylpytakki

jubah mandi

kumihansikkaat

sarung tangan getah

tamponi

kapas

terveysside

tuala wanita

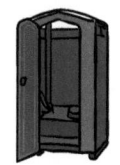

kemiallinen wc

tandas kimia

lastenhuone
bilik kanak-kanak

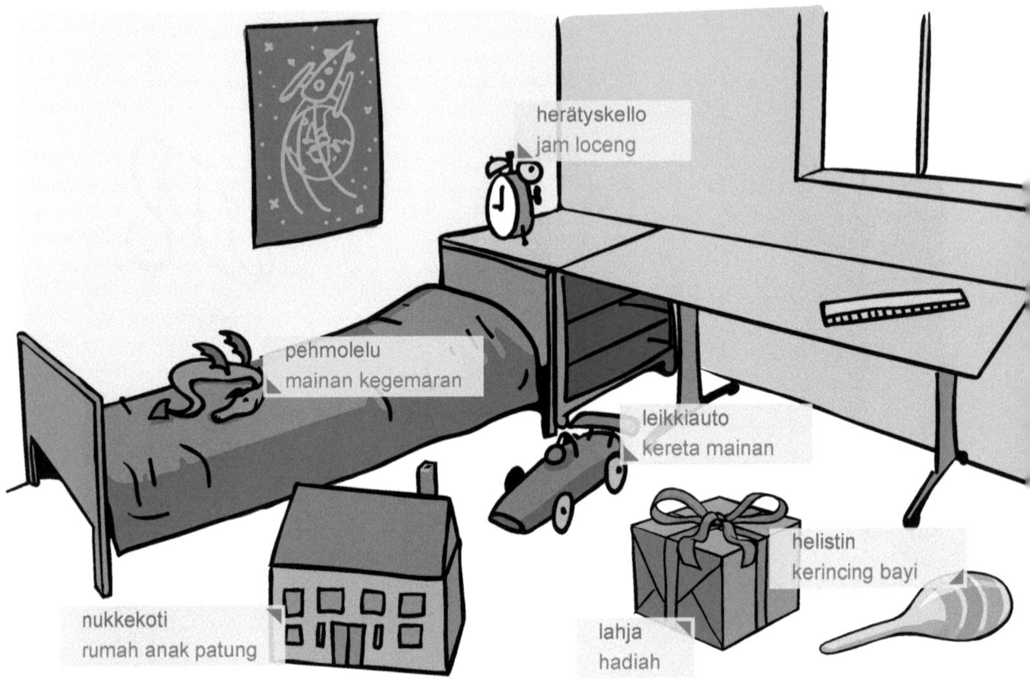
herätyskello
jam loceng
pehmolelu
mainan kegemaran
leikkiauto
kereta mainan
helistin
kerincing bayi
nukkekoti
rumah anak patung
lahja
hadiah

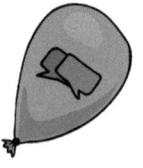

ilmapallo

belon

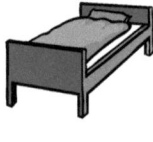

sänky

katil

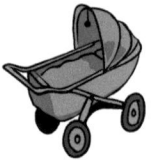

lastenvaunut

kereta sorong bayi

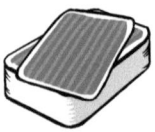

korttipeli

set kad

palapeli

susun suai gambar

SUPER MEGA

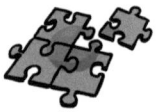

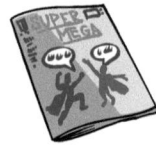

sarjakuva

komik

legopalikat

batu bata lego

rakennuspalikat

blok mainan

supersankari

figura aksi

potkupuku

baju bayi

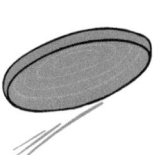

frisbee

frisbee

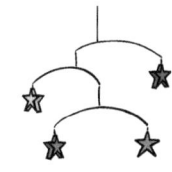

mobile

mainan bayi mudah alih

lautapeli

permainan papan

noppa

dadu

pienoisjunarata

set model kereta api

tutti

palsu

juhlat

parti

kuvakirja

buku bergambar

pallo

bola

nukke

anak patung

leikkiä

main

hiekkalaatikko

lubang pasir

keinu

buai

lelut

mainan

pelikonsoli

konsol permainan video

kolmipyörä

basikal roda tiga

nalle

anak patung beruang

vaatekaappi

almari pakaian

vaatteet

pakaian

sukat

stoking

nylonsukat

stoking

sukkahousut

ketat

kaulaliina
skarf

sateenvarjo
payung

t-paita
kemeja-t

g/keselamatan

saappaat
but

sisätossut
selipar

lenkkarit
kasut sukan

| sandaalit | kengät | kumisaappaat |
| sandal | kasut | but getah |

| alushousut | rintaliivit | aluspaita |
| seluar dalam | coli | ves |

body
badan

housut
Seluar panjang

farkut
jean

hame
skirt

pusero
blaus

paita
kemeja

villapaita
baju panas sarung

collegepaita
sweater

jakku
blazer

takki
jaket

takki
kot

sadetakki
baju hujan

puku
kostum

mekko
pakaian

hääpuku
baju pengantin

puku
········
sut

yöpaita
········
baju tidur

pyjama
········
baju tidur

shari
········
sari

päähuivi
········
skarf kepala

turbaani
········
serban

burka
········
burqa

kaftaani
········
kaftan

abaya
········
abaya/jubah

uimapuku
········
baju renang

uimahousut
········
seluar renang

shortsit
········
seluar pendek

verkkarit
········
sut balapan

esiliina
········
apron

käsineet
········
sarung tangan

nappi

butang

silmälasit

cermin mata

rannekoru

gelang tangan

kaulakoru

rantai leher

sormus

cincin

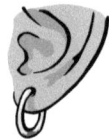

korvakoru

subang

lippalakki

topi

ripustin

penyangkut kot

hattu

topi

solmio

tali leher

vetoketju

zip

kypärä

topi keledar

henkselit

pendakap

koulupuku

uniform sekolah

univormu

seragam

ruokalappu

lapik dada

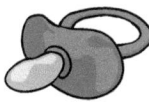

tutti

palsu

vaippa

lampin

toimisto
pejabat

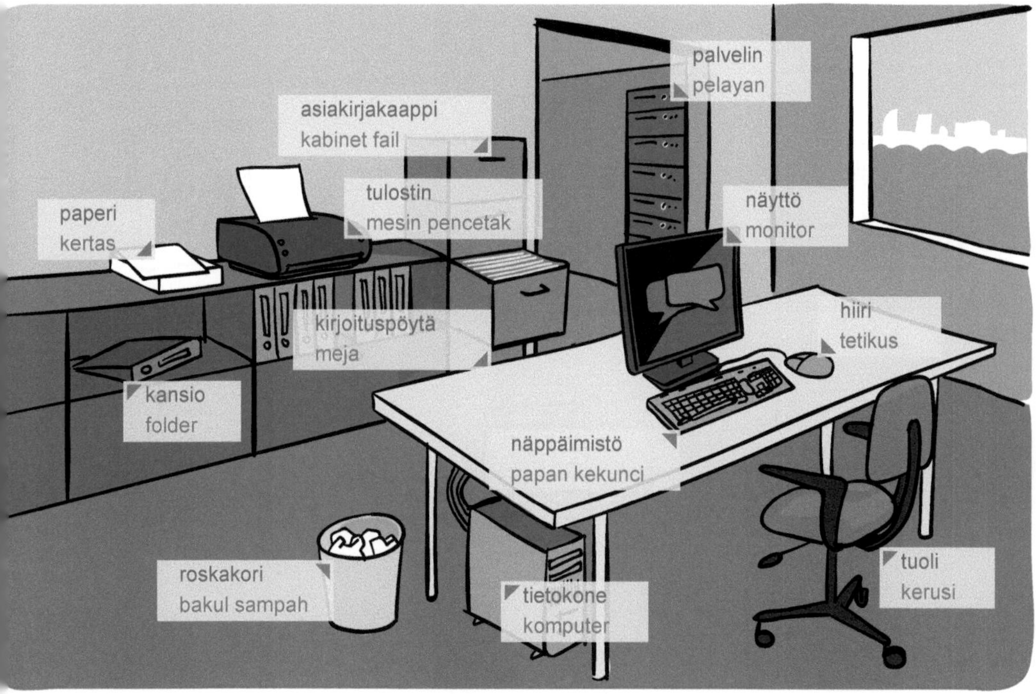

palvelin
pelayan

asiakirjakaappi
kabinet fail

tulostin
mesin pencetak

näyttö
monitor

paperi
kertas

hiiri
tetikus

kirjoituspöytä
meja

kansio
folder

näppäimistö
papan kekunci

roskakori
bakul sampah

tietokone
komputer

tuoli
kerusi

kahvimuki

cawan kopi

taskulaskin

kalkulator

internet

internet

kannettava tietokone

komputer riba

kirje

surat

viesti

mesej

kännykkä

mudah alih

verkko

rangkaian

kopiokone

mesin fotokopi

ohjelmisto

perisian

puhelin

telefon

pistorasia

soket plag

faksi

mesin faks

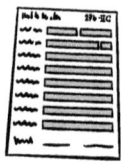

lomake

bentuk

asiakirja

dokumen

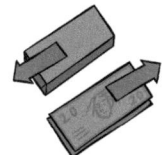

ostaa

beli

maksaa

bayar

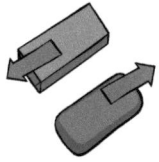

vaihtaa

berdagang

raha

wang

 USD

dollari

dolar

 EUR

euro

euro

 JPY

jeni

yen

 RUB

rupla

rubel

 CHF

frangi

franc swiss

 CNY

renminbi juan

renminbi yuan

 INR

rupia

rupee

pankkiautomaatti

mata tunai

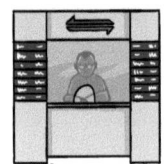

rahanvaihto

pejabat tukaran mata wang

kulta

emas

hopea

perak

öljy

minyak

energia

tenaga

hinta

harga

sopimus

kontrak

vero

cukai

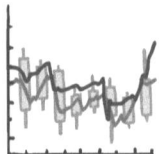

osake

stok

työskennellä

kerja

työntekijä

pekerja

työnantaja

majikan

tehdas

kilang

liike

kedai

poliisi
pegawai polis

palomies
ahli bomba

kokki
tukang masak

lääkäri
doktor

lentäjä
juruterbang

puutarhuri

tukang kebun

puuseppä

tukang kayu

ompelija

tukang jahit

tuomari

hakim

kemisti

ahli kimia

näyttelijä

pelakon

linja-autonkuljettaja

pemandu bas

taksinkuljettaja

pemandu teksi

kalastaja

nelayan

siivooja

wanita pencuci

katontekijä

kasau

tarjoilija

pelayan

metsästäjä

pemburu

maalari

pelukis

leipuri

bakeri

sähköasentaja

juruelektrik

rakentaja

pembangun

insinööri

jurutera

teurastaja

penjual daging

putkiasentaja

tukang paip

postinjakaja

posmen

sotilas

askar

arkkitehti

arkitek

kassanhoitaja

juruwang

floristi

kedai bunga

kampaaja

pendandan rambut

konduktööri

konduktor

mekaanikko

mekanik

kapteeni

kapten

hammaslääkäri

doktor gigi

tiedemies

ahli sains

rabbi

tuhanku

imaami

imam

munkki

sami

pappi

paderi

työkalut
alat

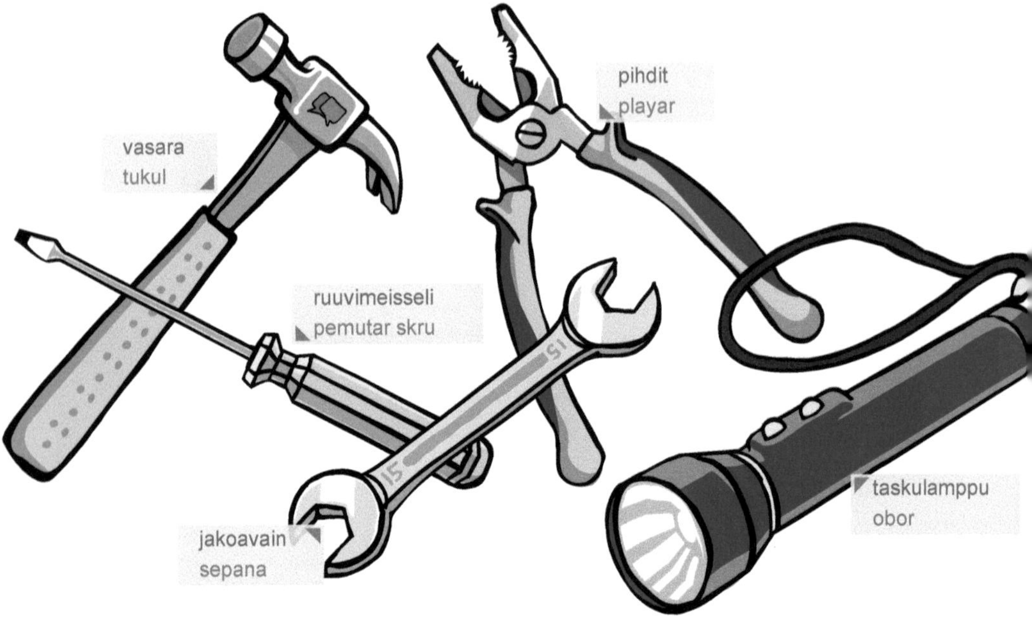

vasara
tukul
pihdit
playar
ruuvimeisseli
pemutar skru
jakoavain
sepana
taskulamppu
obor

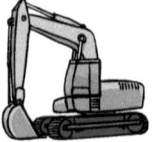

kaivinkone

pengorek

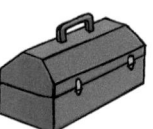

työkalupakki

kotak peralatan

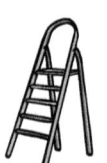

tikkaat

tangga

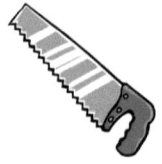

saha

gergaji

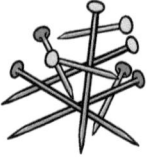

naulat

kuku

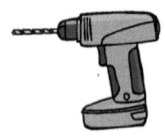

pora

gerudi

korjata
baiki

lapio
penyodok

Hitto!
Celaka!

rikkalapio
penadah sampah

maalipurkki
periuk cat

ruuvit
skru

soittimet
alat muzik

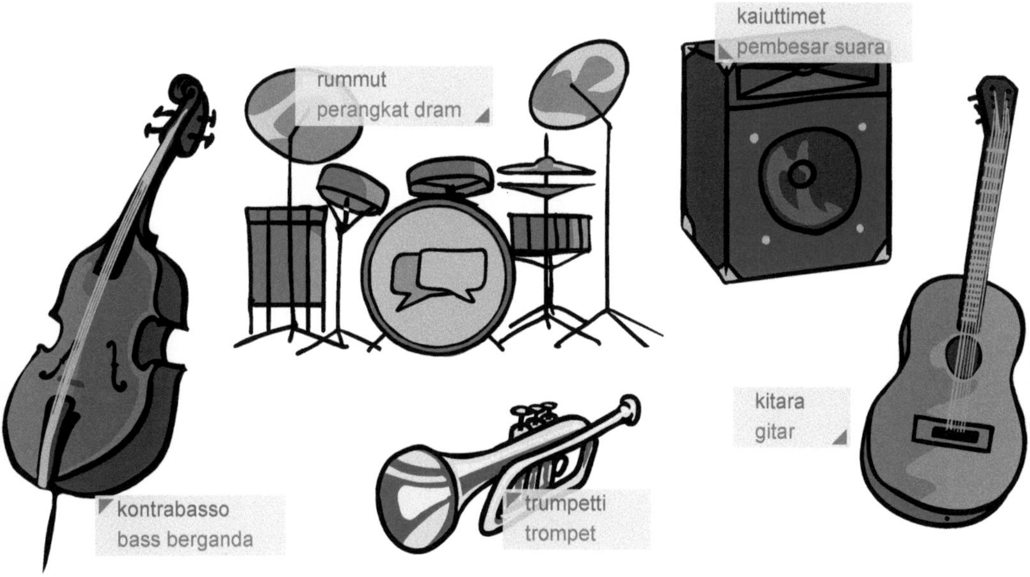

rummut
perangkat dram

kaiuttimet
pembesar suara

kitara
gitar

kontrabasso
bass berganda

trumpetti
trompet

piano
piano

viulu
biola

basso
bass

patarummut
timpani

rumpu
dram

kosketinsoitin
papan kekunci

saksofoni
saksofon

huilu
seruling

mikrofoni
mikrofon

eläintarha

zoo

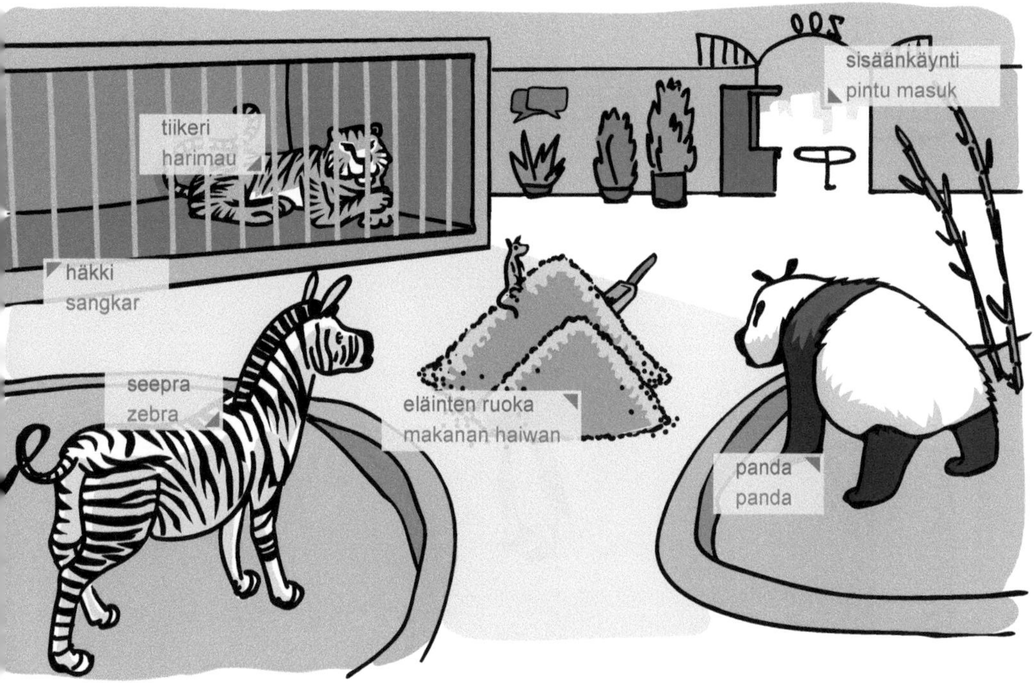

sisäänkäynti
pintu masuk
tiikeri
harimau
häkki
sangkar
seepra
zebra
eläinten ruoka
makanan haiwan
panda
panda

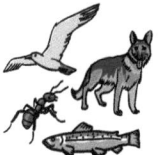

eläimet

haiwan

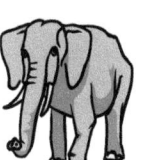

norsu

gajah

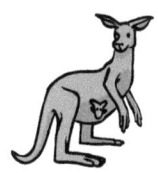

kenguru

kanggaru

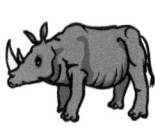

sarvikuono

badak sumbu

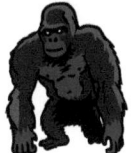

gorilla

gorila

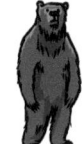

karhu

beruang

kameli

unta

strutsi

burung unta

leijona

singa

apina

monyet

flamingo

flamingo

papukaija

nuri

jääkarhu

beruang kutub

pingviini

penguin

hai

yu

riikinkukko

merak

käärme

ular

krokotiili

buaya

eläintarhanhoitaja

penjaga zoo

hylje

anjing laut

jaguaari

jaguar

poni

kuda

leopardi

harimau

virtahepo

badak air

kirahvi

zirafah

kotka

helang

villisika

babi jantan

kala

ikan

kilpikonna

penyu

mursu

anjing laut

kettu

musang

gaselli

rusa

amerikkalainen jalkapallo
bola sepak Amerika

pyöräily
berbasikal

tennis
tenis

koripallo
bola keranjang

uinti
renang

nyrkkeily
tinju

jääkiekko
hoki ais

jalkapallo
bola sepak

sulkapallo
badminton

yleisurheilu
olahraga

käsipallo
bola baling

hiihto
ski

poolo
polo

nauraa
ketawa

hypätä
lompat

halata
peluk

kävellä
berjalan

laulaa
menyanyi

unelmoida
mimpi

rukoilla
berdoa

suudella
cium

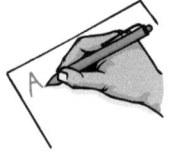

kirjoittaa

tulis

piirtää

lukis

näyttää

tunjuk

painaa

tolak

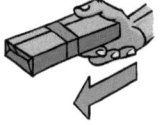

antaa

beri

ottaa

ambil

omistaa

ada

tehdä

buat

olla

ialah

seisoa

berdiri

juosta

lari

vetää

tarik

heittää

buang

kaatua

jatuh

maata

tipu

odottaa

tunggu

kantaa

bawa

istua

duduk

pukeutua

pakai

nukkua

tidur

herätä

bangkit

katsoa

lihat pada

itkeä

menangis

silittää

strok

kammata

sikat

puhua

cakap

ymmärtää

faham

kysyä

tanya

kuunnella

dengar

juoda

minum

syödä

makan

siivota

mengemas

rakastaa

sayang

keittää

masak

ajaa

pandu

lentää

terbang

purjehtia

belayar

laskea

kira

lukea

baca

oppia

belajar

työskennellä

kerja

mennä naimisiin

nikah

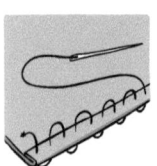

ommella

jahit

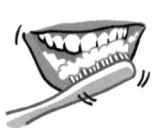

pestä hampaat

memberus gigi

tappaa

bunuh

tupakoida

asap

lähettää

hantar

mummo
nenek

ukki
datuk

isä
bapa

äiti
ibu

vauva
bayi

tytär
anak perempuan

poika
anak lelaki

vieras
tetamu

täti
mak cik

setä
pak cik

veli
abang

sisko
kakak

vartalo
badan

otsa
dahi
silmä
mata
olkapää
bahu
sormet
jari
kasvot
muka
leuka
dagu
käsi
tangan
jalka
kaki
rinta
dada
käsivarsi
lengan

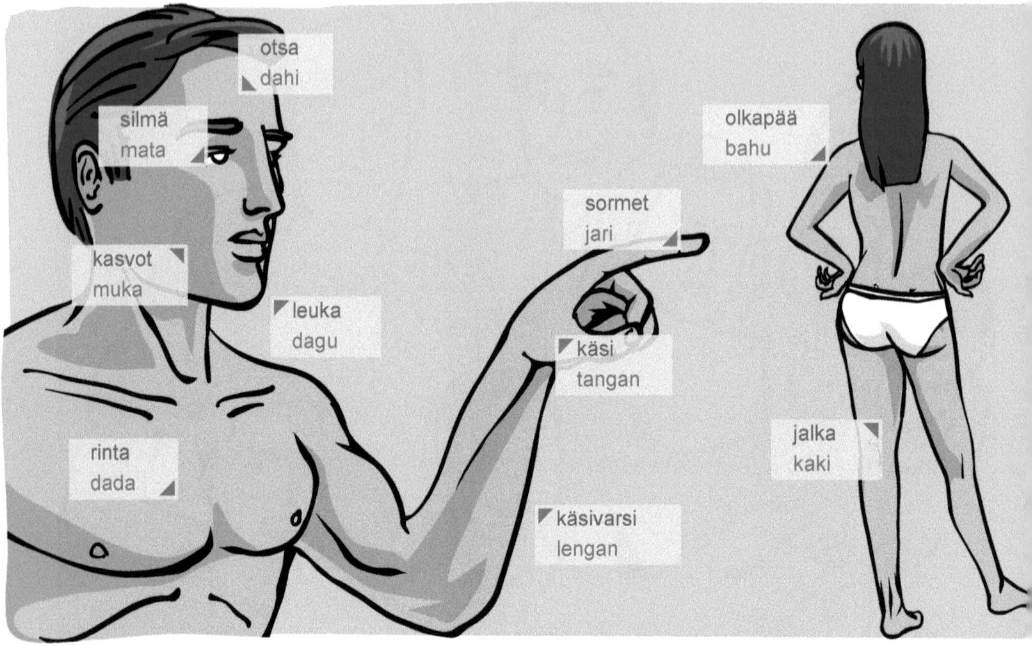

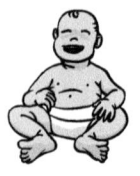

vauva
bayi

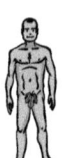

mies
lelaki

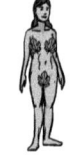

nainen
wanita

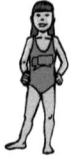

tyttö
perempuan

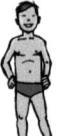

poika
lelaki

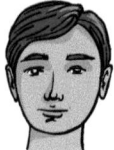

pää
kepala

	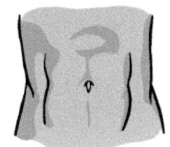	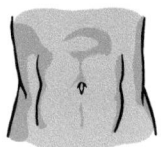
selkä	maha	napa
belakang	bawah perut	pusat

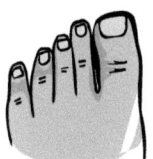	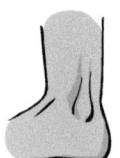	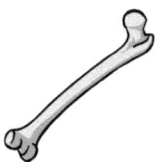
varvas	kantapää	luu
jari kaki	tumit	tulang

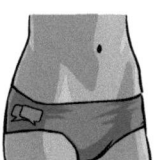	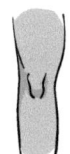	
lantio	polvi	kyynärpää
pinggul	lutut	siku

		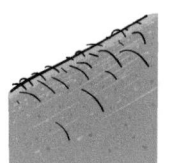
nenä	takapuoli	iho
hidung	bawah	kulit

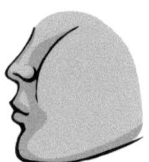	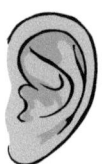	
poski	korva	huuli
pipi	telinga	bibir

suu

mulut

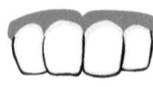

hammas

gigi

kieli

lidah

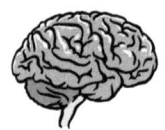

aivot

otak

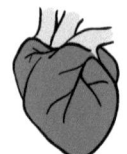

sydän

hati

lihas

otot

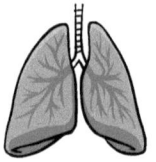

keuhkot

paru-paru

maksa

hati

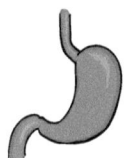

vatsa

perut

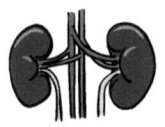

munuaiset

buah pinggang

seksi

seks

kondomi

kondom

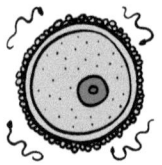

munasolu

faraj

sperma

mani

raskaus

mengandung

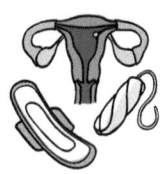

kuukautiset

haid

vagina

faraj

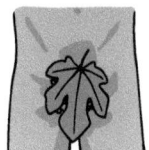

penis

penis

kulmakarvat

kening

hiukset

rambut

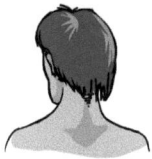

niska

leher

sairaala
hospital

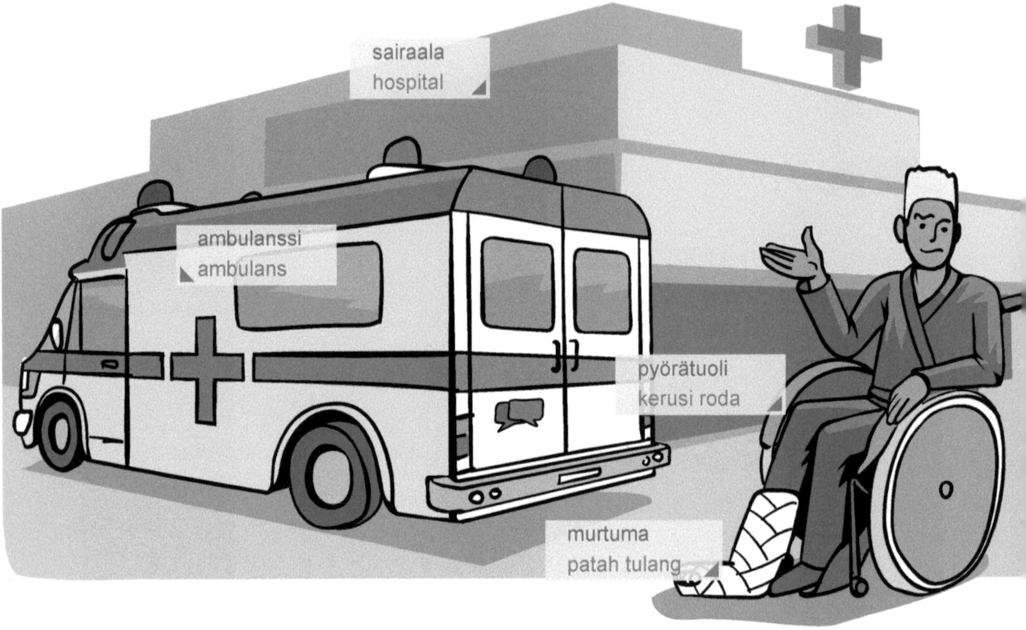

sairaala
hospital
ambulanssi
ambulans
pyörätuoli
kerusi roda
murtuma
patah tulang

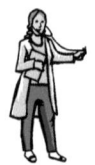

lääkäri

doktor

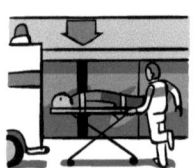

ensiapu

bilik kecemasan

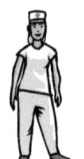

sairaanhoitaja

jururawat

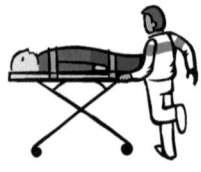

hätätilanne

kecemasan

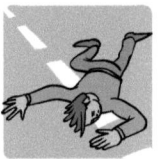

tajuton

tak sedar

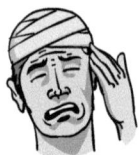

kipu

sakit

vamma

kecederaan

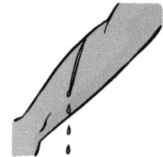

verenvuoto

pendarahan

sydänkohtaus

serangan jantung

aivoinfarkti

strok

allergia

alergi

yskä

batuk

kuume

demam

flunssa

selesema

ripuli

cirit-birit

päänsärky

sakit kepala

syöpä

kanser

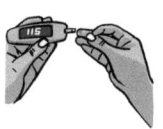

diabetes

diabetes

kirurgi

pakar bedah

veitsi

pisau bedah

leikkaus

pembedahan

ct
CT

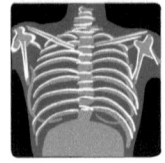

röntgen
x-ray

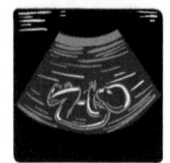

ultraääni
ultrabunyi

maski
topeng muka

sairaus
penyakit

odotushuone
bilik menunggu

sauva
penongkat

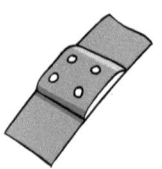

laastari
plaster

side
pembalut

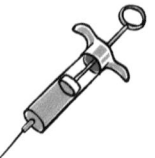

pistos
suntikan

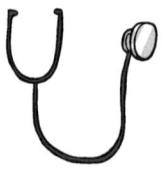

stetoskooppi
stetoskop

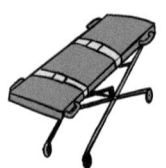

paarit
pengusung

kuumemittari
termometer klinik

syntymä
kelahiran

ylipaino
berat badan berlebihan

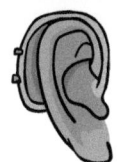

kuulolaite

alat pendengaran

desinfiointiaine

disinfektan

infektio

jangkitan

virus

virus

HIV / AIDS

HIV / AIDS

lääke

perubatan

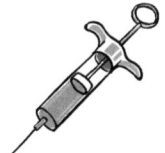

rokotus

vaksinasi

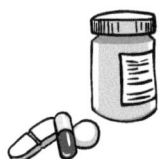

tabletit

tablet

pilleri

pil

hätäpuhelu

panggilan kecemasan

verenpainemittari

pantau tekanan darah

sairas / terve

sakit / sihat

Apua!

Tolong!

hälytys

penggera

ryöstö

serang

hyökkäys

serangan

vaara

bahaya

hätäuloskäynti

pintu kecemasan

Tulipalo!

Api!

palosammutin

alat pemadam api

onnettomuus

kemalangan

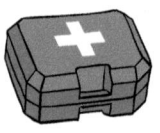

ensiapulaukku

alat pertolongan cemas

SOS

SOS

poliisilaitos

polis

Eurooppa

Eropah

Pohjois-Amerikka

Amerika Utara

Etelä-Amerikka

Amerika Selatan

Afrikka

Afrika

Aasia

Asia

Australia

Australia

Atlantin valtameri

Atlantic

Tyynimeri

Pasifik

Intian valtameri

Lautan Hindi

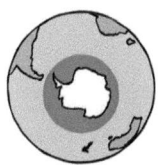

Eteläinen jäämeri

Lautan Antartik

Pohjoinen jäämeri

Lautan Artik

pohjoisnapa

Kutub utara

etelänapa

Kutub Selatan

Antarktis

Antartika

maa

bumi

maa

tanah

meri

laut

saari

pulau

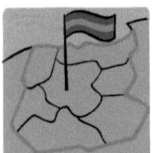

kansa

negara

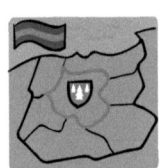

osavaltio

negeri

kellotaulu

muka jam

tuntiviisari

tangan jam

minuuttiviisari

tangan minit

sekuntiviisari

terpakai

Paljonko kello on?

Jam berapa sekarang

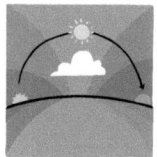

päivä

hari

aika

masa

nyt

sekarang

digitaalikello

jam digital

minuutti

minit

tunti

jam

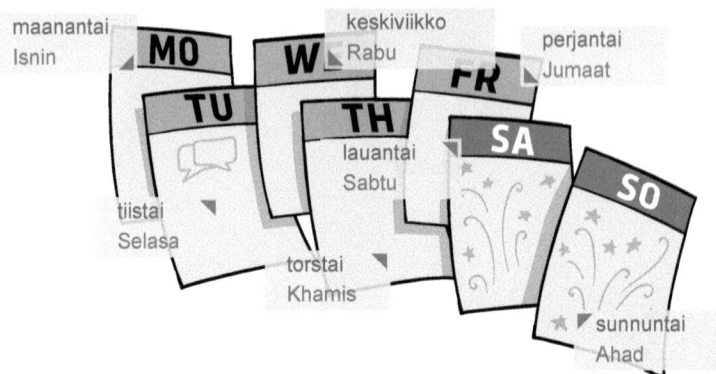

maanantai
Isnin

keskiviikko
Rabu

perjantai
Jumaat

tiistai
Selasa

lauantai
Sabtu

torstai
Khamis

sunnuntai
Ahad

eilen
semalam

tänään
hari ini

huomenna
esok

aamu
pagi

keskipäivä
tengah hari

ilta
petang

MO	TU	WE	TH	FR	SA	SU
1	2	3	4	5	6	7
8	9	10	11	12	13	14
15	16	17	18	19	20	21
22	23	24	25	26	27	28
29	30	31	1	2	3	4

työpäivät
hari kerja

MO	TU	WE	TH	FR	SA	SU
1	2	3	4	5	6	7
8	9	10	11	12	13	14
15	16	17	18	19	20	21
22	23	24	25	26	27	28
29	30	31	1	2	3	4

viikonloppu
hari minggu

vuosi
tahun

sade
hujan
sateenkaari
pelangi
tuuli
angin
lumi
salji
kevät
musim bunga
syksy
musim luruh
kesä
musim panas
talvi
musim salji

4.APRIL 11°
5.APRIL 4°
6.APRIL 13°
7.APRIL 8°
8.APRIL 10°

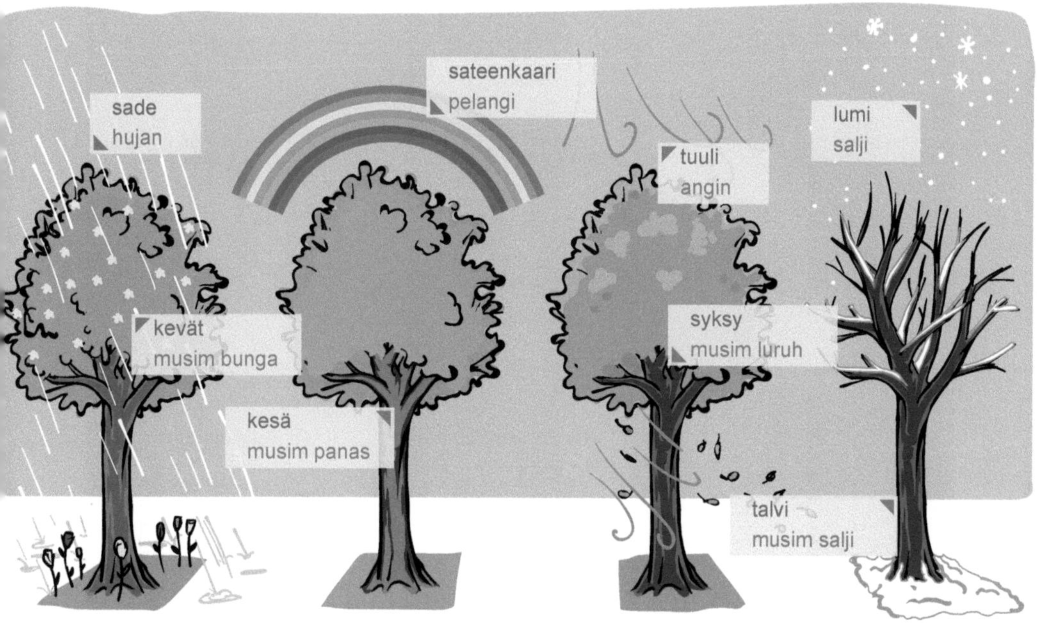

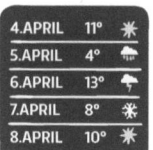

sääennuste

ramalan cuaca

F
C

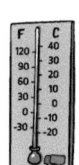

lämpömittari

termometer

auringonpaiste

sinar matahari

pilvi

awan

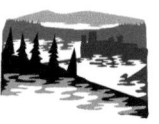

sumu

kabus

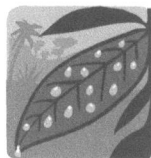

ilmankosteus

lembapan

salama

kilat

ukkonen

petir

myrsky

ribut

rae

hujan batu

monsuuni

monsun

tulva

banjir

jää

ais

tammikuu

Januari

helmikuu

Februari

maaliskuu

Mac

huhtikuu

April

toukokuu

Mei

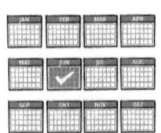

kesäkuu

Jun

heinäkuu

Julai

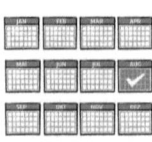

elokuu

Ogos

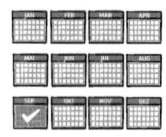

syyskuu

September

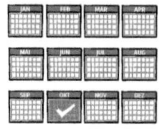

lokakuu

Oktober

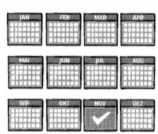

marraskuu

November

joulukuu

Disember

muodot
bentuk

ympyrä

bulatan

neliö

petak

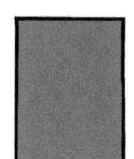

suorakulmio

segi empat tepat

kolmio

segitiga

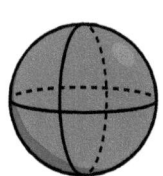

pallo

sfera

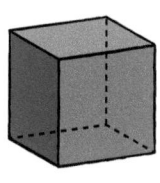

kuutio

kiub

valkoinen

putih

keltainen

kuning

oranssi

oren

vaaleanpunainen

merah jambu

punainen

merah

violetti

ungu

sininen

biru

vihreä

hijau

ruskea

coklat

harmaa

kelabu

musta

hitam

paljon / vähän

banyak / sedikit

vihainen / ystävällinen

marah / tenang

kaunis / ruma

cantik / hodoh

alku / loppu

bermula / tamat

suuri / pieni

besar kecil

vaalea / tumma

terang / gelap

veli / sisko

abang / kakak

puhdas / likainen

bersih / kotor

täydellinen / epätäydellinen

lengkap / tidak lengkap

päivä / yö

hari / malam

kuollut / elävä

mati / hidup

leveä / kapea

luas / sempit

syötävä / syömäkelvoton

boleh dimakan / tidak boleh dimakan

paha / kiltti

jahat / baik

innostunut / tylsistynyt

teruja / bosan

lihava / laiha

gemuk / kurus

ensimmäinen / viimeinen

pertama / terakhir

ystävä / vihollinen

kawan / musuh

täysi / tyhjä

penuh / kosong

kova / pehmeä

keras / lembut

painava / kevyt

berat / ringan

nälkä / jano

lapar / dahaga

sairas / terve

sakit / sihat

laiton / laillinen

menyalahi undang-undang / undang-undang

älykäs / tyhmä

pintar / bodoh

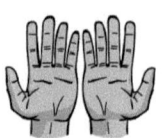

vasen / oikea

kiri / kanan

lähellä / kaukana

dekat / jauh

uusi / käytetty

baru / lama

ei mitään / jotain

tiada / sesuatu

vanha / nuori

tua / muda

päällä / pois päältä

hidup / mati

auki / kiinni

terbuka / tertutup

hiljainen / äänekäs

diam / bising

rikas / köyhä

kaya / miskin

oikein / väärin

betul / salah

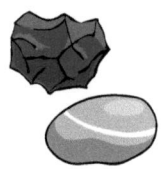

karhea / sileä

kasar / halus

surullinen / iloinen

sedih / gembira

lyhyt / pitkä

pendek / panjang

hidas / nopea

lambat / laju

märkä / kuiva

basah / kering

lämmin / viileä

panas / sejuk

sota / rauha

berperang / berdamai

0	**1**	**2**
nolla	yksi	kaksi
sifar	satu	dua

3	**4**	**5**
kolme	neljä	viisi
tiga	empat	lima

6	**7**	**8**
kuusi	seitsemän	kahdeksan
enam	tujuh	lapan

9	**10**	**11**
yhdeksän	kymmenen	yksitoista
sembilan	sepuluh	sebelas

12

kaksitoista

dua belas

13

kolmetoista

tiga belas

14

neljätoista

empat belas

15

viisitoista

lima belas

16

kuusitoista

enam belas

17

seitsemäntoista

tujuh belas

18

kahdeksantoista

lapan belas

19

yhdeksäntoista

Sembilan belas

20

kaksikymmentä

dua puluh

100

sata

ratus

1.000

tuhat

ribu

1.000.000

miljoona

juta

englanti

Bahasa Inggeris

amerikanenglanti

Bahasa Inggeris Amerika

mandariinikiina

Bahasa Cina Mandarin

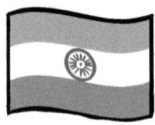

hindi

Bahasa Hindi

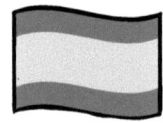

espanja

Bahasa Sepanyol

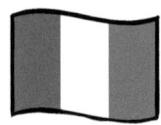

ranska

Bahasa Perancis

arabia

Bahasa Arab

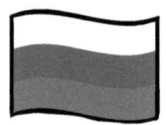

venäjä

Bahasa Rusia

portugali

Bahasa Portugis

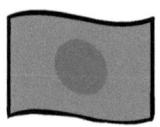

bengali

Bahasa Benggali

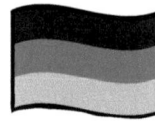

saksa

Bahasa Jerman

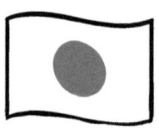

japani

Bahasa Jepun

minä
saya

sinä
anda

hän
dia / dia / ia

me
kita

te
anda

he
mereka

kuka?
siapa?

mitä / mikä?
apa?

miten?
bagaimana?

missä?
di mana?

milloin?
bila?

nimi
nama

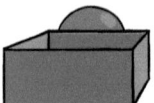

takana

belakang

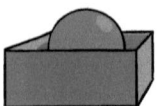

sisällä

dalam

edessä

di hadapan

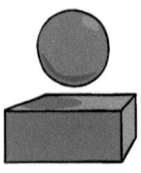

yläpuolella

lebih

päällä

pada

alapuolella

di bawah

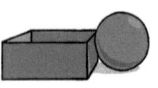

vieressä

bersebelahan

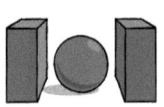

välissä

antara

paikka

tempat